I0014185

Taoufik Ghazel

Réalisation d'une Application de Gestion de Sécurité d'Information

Taoufik Ghazel

Réalisation d'une Application de Gestion de Sécurité d'Information

Éditions universitaires européennes

Impressum / Mentions légales
Bibliografische Information der Deutschen Nationalbibliothek: Die Deutsche
Nationalbibliothek verzeichnet diese Publikation in der Deutschen Nationalbibliografie;
detaillierte bibliografische Daten sind im Internet über http://dnb.d-nb.de abrufbar.
Alle in diesem Buch genannten Marken und Produktnamen unterliegen warenzeichen-,
marken- oder patentrechtlichem Schutz bzw. sind Warenzeichen oder eingetragene
Warenzeichen der jeweiligen Inhaber. Die Wiedergabe von Marken, Produktnamen,
Gebrauchsnamen, Handelsnamen, Warenbezeichnungen u.s.w. in diesem Werk berechtigt
auch ohne besondere Kennzeichnung nicht zu der Annahme, dass solche Namen im Sinne
der Warenzeichen- und Markenschutzgesetzgebung als frei zu betrachten wären und
daher von jedermann benutzt werden dürften.

Information bibliographique publiée par la Deutsche Nationalbibliothek: La Deutsche
Nationalbibliothek inscrit cette publication à la Deutsche Nationalbibliografie; des
données bibliographiques détaillées sont disponibles sur internet à l'adresse http://dnb.d-
nb.de.
Toutes marques et noms de produits mentionnés dans ce livre demeurent sous la
protection des marques, des marques déposées et des brevets, et sont des marques ou des
marques déposées de leurs détenteurs respectifs. L'utilisation des marques, noms de
produits, noms communs, noms commerciaux, descriptions de produits, etc, même sans
qu'ils soient mentionnés de façon particulière dans ce livre ne signifie en aucune façon que
ces noms peuvent être utilisés sans restriction à l'égard de la législation pour la protection
des marques et des marques déposées et pourraient donc être utilisés par quiconque.

Coverbild / Photo de couverture: www.ingimage.com

Verlag / Editeur:
Éditions universitaires européennes
ist ein Imprint der / est une marque déposée de
OmniScriptum GmbH & Co. KG
Heinrich-Böcking-Str. 6-8, 66121 Saarbrücken, Deutschland / Allemagne
Email: info@editions-ue.com

Herstellung: siehe letzte Seite /
Impression: voir la dernière page
ISBN: 978-3-8381-8111-0

Copyright / Droit d'auteur © 2014 OmniScriptum GmbH & Co. KG
Alle Rechte vorbehalten. / Tous droits réservés. Saarbrücken 2014

TABLE DE MATIÈRE

LISTE DES FIGURES

LISTE DES DIAGRAMMES

INTRODUCTION GÉNÉRALE

L'omniprésence des informations croissante soutenue par la révolution numérique des technologies de l'information et de la communication TIC a amplifié le besoin d'assurer l'intégrité, la confidentialité et la disponibilité de l'information.

Malgré des moyens techniques permettant de les contrôler et des compétences pour les mettre en œuvre, la complexité des systèmes d'information exige une planification rigoureuse de la supervision.

Des outils sous forme de « codes de bonnes pratiques » et méthodes d'appréciation des risques permettent aux entreprises de fixer des objectifs, des priorités et coordonner les actions à entreprendre.

Néanmoins ces outils, bien qu'ayant prouvé leur efficacité, souffrent d'un manque de reconnaissance au plan international à cause de leur trop grande diversité.

Pour remédier à l'hétérogénéité des méthodes et pallier le manque de reconnaissance des « codes de bonnes pratiques », l'ISO (Organisation Internationale de Normalisation) a publié en 2005 la norme ISO/CEI 27001.

L'ISO/CEI 27001, clef de voûte d'une famille de normes encore en développement, apporte une dimension supplémentaire à la politique de sécurité de l'information en y intégrant le concept de « système de management ». Cette norme est à la base de notre réflexion pour ce mémoire.

Le travail de la mise en œuvre d'un système de management de la sécurité de l'information (SMSI), présenté dans ce rapport a été effectué dans le cadre de mon projet de fin d'études du Master « Nouvelles technologies des télécommunications et Réseaux » de l'Entreprise à l'Université Virtuelle de Tunis.

Ce travail, réalisé dans les locaux de la poste tunisienne et a pu mener à terme grâce à la collaboration du responsable sécurité.

Durant mon stage de PFE, il m'a été demandé de faire la conception, et le développement d'une application de Système de Management de la Sécurité de l'Information de la poste tunisienne.

Ce présent rapport sera structuré en 4 chapitres :

Dans le premier chapitre **«Présentation du cadre du stage »**, je présente le cadre de mon stage de PFE à savoir l'organisme de la société « la direction informatique d la poste tunisienne », je me propose d'analyser l'existant, de critiquer l'existant et de proposer propose une solution.

Dans le second chapitre intitulé «**Spécification et Analyse**», j'ai bien parlé sur le Système de Management de la Sécurité de l'Information, sa mise en place, son architecture, la gestion de risque, Processus d'amélioration continue...

Dans le troisième chapitre «**Conception du système**», j'ai parlé des méthodologies de conception, et j'ai fais une conception détaillée des cas d'utilisation, les diagrammes de séquence, ainsi que le diagramme de classe complet.

Dans le dernier chapitre intitulé «**Réalisation**», j'ai présenté l'environnement matériel et logiciel, le passage vers le schéma relationnel et quelques composantes applicatives réalisées.

Enfin, j'ai clôturé ce mémoire par une conclusion dans laquelle j'ai résumé ma solution et exposant quelques perspectives futures.

CHAPITRE I : PRÉSENTATION DU CADRE DU STAGE

I. Présentation de société

La Poste tunisienne, dénomination commerciale pour l'Office national des Postes tunisiennes, est l'entreprise publique tunisienne de service postal. Depuis le 1er janvier 1999, suite au retrait des activités de téléphonie, la Poste tunisienne est un établissement à caractère industriel et commercial centré sur deux activités principales :

- la collecte, le transport et la distribution de courrier ;
- l'exploitation et la fourniture de services financiers ainsi que des services divers : traditionnels ; telles que la production et la vente de timbres et nouveaux ; tels qu'un ensemble de services informatiques.

L'ISO 27001 permettent aux entreprises et aux administrations d'obtenir une certification qui atteste la mise en place effective d'un système de management de la sécurité de l'information SMSI). Cette norme garantit aux parties prenantes (clients, actionnaires, partenaires, etc.) que la sécurité des systèmes d'information a été sérieusement prise en compte et que l'entreprise s'est engagée dans une démarche d'amélioration constante.

II. Etude de l'existant

1. Description de l'existant

Les dernières années a connu également le démarrage de nouveaux services basés sur les technologies de l'information et de la communication visant à développer les services à distance et à renforcer le positionnement de la Poste tunisienne au cœur de l'économie immatérielle, l'administration communicante et commerçante et le commerce électronique» annonce le rapport. Parmi ces produits, on trouve les chèques postaux via Internet, le paiement des factures à distance, le développement du dinar électronique, la messagerie sécurisée via Internet, le service de courrier hybride, le transfert d'argent à partir de l'étranger, le service de mandat minute, le paiement en ligne des bourses et prêts universitaires aux étudiants et des pensions de retraite, le réseau de distributeurs automatiques des billets DAB.

Le système d'information est composé d'élément divers (employés, ordinateur...) chargés de stocker et de traiter les informations relative au système opérant afin de les mettre à la disposition du système de pilotage. Il peut en outre recevoir de celui-ci des décisions destinées à son propre pilotage. Enfin il peut émettre vers le système opérant des informations-interaction, c'est à dire qu'il peut réagir sur le système opérant.

2. Sécurité de système d'information

La sécurité des systèmes d'information se cantonne généralement à garantir les droits d'accès aux données et ressources d'un système, en mettant en place des mécanismes d'authentification et de contrôle. Ces mécanismes permettent d'assurer que les utilisateurs des dites ressources possèdent uniquement les droits qui leurs ont été octroyés.

La sécurité informatique doit toutefois être étudiée de telle manière à ne pas empêcher les utilisateurs de développer les usages qui leur sont nécessaires, et de faire en sorte qu'ils puissent utiliser le système d'information en toute confiance. C'est la raison pour laquelle il est nécessaire de définir dans un premier temps une politique de sécurité, c'est-à-dire :

- élaborer des règles et des procédures, installer des outils techniques dans les différents services de l'organisation (autour de l'informatique) ;
- définir les actions à entreprendre et les personnes à contacter en cas de détection d'une intrusion ;
- sensibiliser les utilisateurs aux problèmes liés à la sécurité des systèmes d'informations ;
- préciser les rôles et responsabilités.

3. Critique de l'existant

- Il n'ya pas une norme bien structurée.
- Il n' ya pas une description pratique et détaillée de la mise en œuvre. des objectifs et mesures de sécurité.
- Il n'y a pas d'audit régulier qui permet le suivi entre les risques initialement identifiés, les mesures prises et les risques nouveaux ou mis à jour, afin de mesurer l'efficacité des mesures prises.

4. Solution proposée

Un SMSI est un ensemble d'éléments interactifs permettant à un organisme d'établir une politique et des objectifs en matière de sécurité de l'information, d'appliquer la politique, d'atteindre ces objectifs et de contrôler l'atteinte des objectif.

La politique de sécurité de l'information donne les grandes orientations de l'organisme en matière de sécurité de l'information et fixe des objectifs quantifiés. Elle est officiellement formulée par la direction, qui s'engage à fournir les moyens nécessaires pour atteindre ses objectifs.

Elle est cohérente avec les objectifs métiers de l'organisme, et avec les besoins de ses clients et partenaires. Elle est communiquée au sein de l'organisme, sa compréhension par les intervenants internes et externes est vérifiée, elle est revue de façon périodique(en général annuellement) pour rester en adéquation avec les objectifs globaux de l'entité.

Le SMSI établi, documenté, mis en œuvre et entretenu. Son efficacité est mesurée par rapport aux objectifs de l'entité, et cette mesure permet d'améliorer en permanence le SMSI.

Le SMSI est cohérent avec les autres systèmes de management de l'entité, notamment avec les systèmes de management de la qualité, de la sécurité des conditions de travail, et de l'environnement.

Le SMSI inclut donc au minimum :

*des éléments documentaires (politique, description des objectifs, cartographie des processus impactés, des activités de sécurité, et des mesures),
*la description de la méthode d'analyse des risques utilisés,
*les processus impliqués dans la mise en œuvre de la sécurité de l'information,
*les ressources nécessaires à sa mise en œuvre,
*les activités relatives à la sécurité de l'information.

L'existence d'un SMSI dans l'organisme permet de renforcer la confiance dans le mode de gestion de la sécurité de l'information.

CHAPITRE 2 : SPÉCIFICATION ET ANALYSE

I. Introduction

Les dernières années ont connu également le démarrage de nouveaux services basés sur les technologies de l'information et de la communication visant à développer les services à distance et à renforcer le positionnement de la Poste tunisienne au cœur de l'économie immatérielle, l'administration communicante et commerçante et le commerce électronique» annonce le rapport.

Parmi ces produits, on trouve les chèques postaux via Internet, le paiement des factures à distance, le développement du dinar électronique, la messagerie sécurisée via Internet, le service de courrier hybride, le transfert d'argent à partir de l'étranger, le service de mandat minute, le paiement en ligne des bourses et prêts universitaires aux étudiants et des pensions de retraite, le réseau de distributeurs automatiques des billets DAB.

Pour ce qui est du réseau commercial, les efforts sont intensifiés en vue de moderniser ce réseau.

II. Système de management de sécurité de l'information :

Un SMSI est un ensemble d'éléments interactifs permettant à un organisme d'établir une politique et des objectifs en matière de sécurité de l'information, d'appliquer la politique, d'atteindre ces objectifs et de contrôler l'atteinte des objectif.

La politique de sécurité de l'information donne les grandes orientations de l'organisme en matière de sécurité de l'information et fixe des objectifs quantifiés. Elle est officiellement formulée par la direction, qui s'engage à fournir les moyens nécessaires pour atteindre ses objectifs.

Elle est cohérente avec les objectifs métiers de l'organisme, et avec les besoins de ses clients et partenaires. Elle est communiquée au sein de l'organisme, sa compréhension par les intervenants internes et externes est vérifiée, elle est revue de façon périodique(en général annuellement) pour rester en adéquation avec les objectifs globaux de l'entité.

Le SMSI établi, documenté, mis en œuvre et entretenu. Son efficacité est mesurée par rapport aux objectifs de l'entité, et cette mesure permet d'améliorer en permanence le SMSI.

Le SMSI est cohérent avec les autres systèmes de management de l'entité, notamment avec les systèmes de management de la qualité, de la sécurité des conditions de travail, et de l'environnement.

Le SMSI inclut donc au minimum :

*des éléments documentaires (politique, description des objectifs, cartographie des processus impactés, des activités de sécurité, et des mesures),
*la description de la méthode d'analyse des risques utilisés,
*les processus impliqués dans la mise en œuvre de la sécurité de l'information,
*les ressources nécessaires à sa mise en œuvre,
*les activités relatives à la sécurité de l'information.

L'existence d'un SMSI dans l'organisme permet de renforcer la confiance dans le mode de gestion de la sécurité de l'information.

1-   Comment mettre en place un SMSI :

L'adoption d'un SMSI est une décision stratégique pour un organisme. Sa conception, son implémentation et son organisation dépendent des besoins de sécurité de l'organisme. Ces besoins sont eux-mêmes fonction du métier de l'organisme, des exigences de sécurité (client/ interne) qui en résultent, des processus mis en place, de sa taille et de sa structure.

Pour initialiser une démarche de SMSI, l'organisme doit :

- Déterminer le périmètre (fonctionnel, géographique, organisationnel, etc.) concerné.
- Identifier parmi les processus de ce périmètre, ceux qui sont concernés par la sécurité de l'information, et leurs risques associés.
- Déterminer les exigences (objectifs, référentiels, méthodes, etc..) nécessaires pour assurer la sécurité des processus,
- Définir les mesures de sécurité nécessaires pour se conformer aux exigences exprimées.

Les processus nécessaires au SMSI comprennent ceux relatifs :

- Aux activités de management,
- à la mise à disposition de ressources,
- à la réalisation des produits/ services,
- aux mesures et à l'amélioration.

Si l'organisme décide d'externaliser un processus ayant une incidence sur la sécurité, il doit en assurer la maitrise et mentionner dans le SMSI les moyens de cette maitrise.

2.   Architecture de l'ISO 27001 :

Cette architecture met en relief la décomposition de cet ISO en deux parties, un usage obligatoire dans la certification de la SMSI et un autre usage facultatif où il ya le vocabulaire, les mesures de sécurité, l'implémentation, le métrage et métriques, la gestion de risques, l'audit de SMSI. Le shéma suivant nous explique cette décomposition :

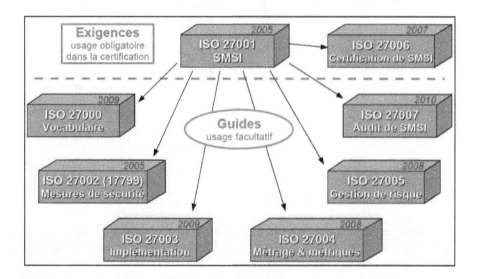

Figure 1:Architecture de l'ISO 27001

3.   Processus de l'ISO 27001 de l'SMSI :

La norme ISO 27001 est destinée à s'appliquer à un système de management de la sécurité de l'information (SMSI) ; elle comporte notamment un schéma de certification susceptible d'être appliqué au SMSI au moyen d'un audit.

Comme toutes les normes relatives aux systèmes de management, ISO 27001 repose sur une approche par processus, et plus précisément sur le modèle **PDCA**. Les **SMSI** fonctionnent selon un modèle cyclique en **4 étapes** appelé « **PDCA** » c'est-à-dire Plan, Do, Check, Act.

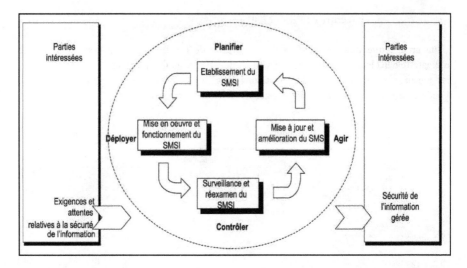

Figure 2:Etapes de la phase Plan du PDCA

1. **Phase Plan :** consiste à planifier les actions que l'entreprise va entreprendre en termes de sécurité,
2. **Phase Do :** l'entreprise réalise ce qu'elle a planifié dans ce domaine,
3. **Phase Check :** l'entreprise vérifie qu'il n'existe pas d'écart entre ce qu'elle a dit et ce qu'elle a fait,
4. **Phase Act :** consiste à entreprendre des actions correctives pour les écarts qui ont été constatés précédemment.

La norme 27001 comporte 9 chapitres dont 5 (les chapitres 4 à 8) doivent obligatoirement être respectés pour répondre à cette norme et obtenir une certification.

Le chapitre 4 est au cœur de la norme et est divisé en plusieurs parties correspondant aux 4 phases du PDCA. Il détermine la mise en place du SMSI, son implémentation et son exploitation, le contrôle du SMSI et son amélioration. Le chapitre 5 définit les engagements et responsabilités de la direction, le chapitre 6 développe les questions d'audits internes du SMSI tandis que les 7ème et 8ème précisent respectivement le réexamen du SMSI par la direction et son amélioration.

Phase Plan : fixe les objectifs du SMSI La phase Plan du SMSI comprend 4 étapes :

Etape 1 : Définir la politique et le périmètre du SMSI

Périmètre : domaine d'application du SMSI. Son choix est libre mais doit être bien défini car il doit inclure toutes les activités pour lesquelles les parties prenantes exigent de la confiance.

Politique : niveau de sécurité (intégrité, confidentialité, disponibilité de l'information) qui sera pratiqué au sein de l'entreprise. La norme n'impose pas de niveau minimum de sécurité à atteindre dans le SMSI.

Le choix du périmètre et de la politique étant libre, ces deux éléments sont des « leviers de souveraineté » pour l'entreprise. Ainsi une entreprise peut être certifiée ISO 27001 tout en définissant un périmètre très réduit et une politique de sécurité peu stricte et sans répondre aux exigences de ses clients en termes de sécurité.

Etape 2 : Identifier et évaluer les risques liés à la sécurité et élaborer la politique de sécurité

La norme ISO 27001 ne donne pas de directives sur la méthode d'appréciation des risques à adopter. Les entreprises peuvent donc en inventer une en veillant à bien respecter le cahier des charges ou en choisir une parmi les plus courantes notamment la méthode EBIOS (Expression des Besoins et Identification des Objectifs de Sécurité) mise en place en France par l'ANSSI (Agence Nationale de la Sécurité des Systèmes d'Information). Le cahier des charges relatif à l'appréciation des risques se développe en 7 points :

1. Identifier les actifs
2. Identifier les personnes responsables
3. Identifier les vulnérabilités
4. Identifier les menaces
5. Identifier les impacts
6. Evaluer la vraisemblance
7. Estimer les niveaux de risque

Etape 3 : Traiter le risque et identifier le risque résiduel par un plan de gestion

Il existe 4 traitements possibles de chacun des risques identifiés :

1. **L'acceptation** : ne mettre en place aucune mesure de sécurité supplémentaire car les conséquences de cette attaque sont faibles (exemple : vol d'un ordinateur portable ne comportant pas de données primordiales pour l'entreprise, piratage de la vitrine web…). Cette solution ne doit être que ponctuelle pour éviter la perte de confiance des parties prenantes.
2. **L'évitement** : politique mise en place si l'incident est jugé inacceptable

3. **Le transfert :** lorsque le risque ne peut pas être évité et qu'elle ne peut pas mettre en place les mesures de sécurité nécessaires elle transfère le risque par le biais de la souscription d'une assurance ou de l'appel à la sous-traitance.
4. **La réduction :** le rendre à un niveau acceptable par la mise en œuvre de mesures techniques et organisationnelles, solution la plus utilisée.

Lorsque la décision de traitement du risque est prise l'entreprise doit identifier les risques résiduels c'est-à-dire ceux qui persistent après la mise en place des mesures de sécurité. S'ils sont jugés inacceptables, il faut définir des mesures de sécurité supplémentaires.

Etape 4 : Sélection des mesures de sécurité à mettre en place

La norme ISO 27001 dispose d'une annexe A qui propose 133 mesures de sécurité classées en 11 catégories (politique de sécurité, sécurité du personnel, contrôle des accès…) et numérotées sur 3 niveaux, dont on a parler essentiellement des articles **A5, A6.1, A10, A6, A9.2, A10, A10.5, A13.** Toutefois cette annexe n'est qu'une liste qui ne donne aucun conseil de mise en œuvre au sein de l'entreprise.

Phase Do : elle met en place les objectifs fixés, et se découpe en plusieurs étapes :

1. Etablir un plan de traitement des risques
2. Déployer les mesures de sécurité
3. Générer des indicateurs
   o De performance pour savoir si les mesures de sécurité sont efficaces
   o De conformité qui permettent de savoir si le SMSI est conforme à ses spécifications
4. Former et sensibiliser le personnel

Phase Check : consiste à gérer le SMSI au quotidien et à détecter les incidents en permanence pour y réagir rapidement 3 outils peuvent être mis en place pour détecter ces incidents :

1. Les audits internes qui vérifient la conformité et l'efficacité du système de management. Ces audits sont ponctuels et planifiés à l'avance.
2. Le contrôle interne qui consiste à s'assurer en permanence que les processus fonctionnent normalement.
3. Les revues (ou réexamens) qui garantissent l'adéquation du SMSI avec son environnement.

Phase Act : mettre en place des actions correctives, préventives ou d'amélioration pour les incidents et écarts constatés lors de la phase Check

- Actions correctives : agir sur les effets pour corriger les écarts puis sur les causes pour éviter que les incidents ne se reproduisent
- Actions préventives : agir sur les causes avant que l'incident ne se produise
- Actions d'amélioration : améliorer la performance d'un processus du SMSI.

4.   Déclaration d'applicabilité

Qu'est qu'une déclaration d'applicabilité? L'annexe de L'ISO 27001 fait la liste des mesures de contrôle les plus régulières, soit 133 contrôles catégorisés en 39 objectifs de contrôles, dont on a parler essentiellement des articles **A5, A6.1, A10, A6, A9.2, A10, A10.5, A13**. On s'en sert comme une liste de vérification afin d'établir quels sont les mesures de contrôles appropriées et/ou déjà mises en place dans l'entreprise. Comme exemple de contrôle, la protection contre les intrusions est faite via un couvre-feu et un logiciel anti-virus mis à jour régulièrement ou encore; le vol de documents sensibles est assuré par des classeurs sous clés et des locaux avec serrures, un système d'alarme et une sensibilisation du personnel à cet effet. Pour chacun des contrôles, une évaluation d'applicabilité est faite. Une grille Excel est utilisée à cet effet et un responsable est indiqué pour chacun des contrôles applicables. Certains sont peu coûteux, d'autres nécessitent une infrastructure plus ou moins onéreuse.

5.   Méthodes d'appréciation des risques

En 2004, une étude du CLUSIF (Club de la Sécurité de l'Information Français) dénombrait plus de deux cents méthodes d'appréciation des risques. Nous en avons retenu deux, EBIOS, MEHARI qui pour l'ENISA (European Network and Information Security Agency) figurent parmi les plus utilisées.

EBIOS

Développée dans les années 90 sous l'autorité de l'agence française ANSSI (Agence nationale de la sécurité des systèmes d'information), cette méthode est l'«Expression des Besoins et Identification des Objectifs de Sécurité». Elle permet d'apprécier, de traiter et communiquer sur les risques au sein d'un SMSI.

L'ANSSI et le Club EBIOS14 proposent en libre accès sur leur site web toute la documentation15 ainsi qu'un logiciel libre16 facilitant l'utilisation de la méthode.

L'approche de la méthode est itérative, chaque module peut être révisé, amélioré et tenu à jour de manière continue.

EBIOS se compose de cinq modules :

Module 1 : il concerne l'étude du contexte. Il s'agit de détailler l'organisation, les missions, les contraintes et les métiers pour rendre applicable et cohérent le choix des objectifs de sécurité. Le point suivant consiste à identifier les fonctions estimées sensibles, la perte, le dysfonctionnement ou la divulgation d'informations qui peuvent avoir des répercussions sur le bon fonctionnement de l'organisme.

Enfin, on répertorie sous forme de matrice les entités17 techniques propres au SMSI (matériel, logiciels, réseaux) ainsi que les entités organisationnelles (groupes de collaborateurs) pour établir les liens entre les éléments essentiels et les entités.

Module 2 : il concerne l'étude des événements redoutés. Cette étape permet de définir les besoins de sécurité des éléments essentiels précédemment identifiés. On quantifie les besoins sur une échelle de 0 à 4 à l'aide d'un questionnaire que l'on adresse aux collaborateurs de l'organisme. Les besoins sont sélectionnés sur des critères de sécurité tels que la disponibilité, l'intégrité, la confidentialité et la non-répudiation ainsi que sur des critères d'impacts18 (interruption de services, dommages matériels).

Module 3 : consiste à étudier les scénarios de menaces. Estimer, évaluer les menaces (incendie, perte d'alimentation électrique, divulgation d'information etc.) et identifier les objectifs de sécurité qu'il faut atteindre pour les traiter. EBIOS fournit une liste de menaces que l'on associe aux éléments essentiels définis dans le module 1. Puis on attribue à chaque élément un niveau de vulnérabilité sur une échelle de 0 à 4.

Module 4 : il vise à étudier les risques. Cette étape permet de dresser une cartographie des risques. Elle explique aussi comment traiter le risque. Estimer, évaluer les risques puis identifier les objectifs de sécurité à atteindre pour les traiter.

Module 5 : il concerne l'étude des mesures de sécurité. Cette dernière étape explique comment appliquer les mesures de sécurité à mettre en œuvre, comment planifier la mise en œuvre de ces mesures et comment valider le traitement des risques résiduels.
En conclusion, la méthode EBIOS par son caractère exhaustif, permet de formaliser tout le SMSI et son environnement. Cette méthode contribue à formuler une politique de sécurité du système d'information. C'est une des méthodes pour mettre en œuvre le cadre défini par l'ISO/CEI 27005. Elle répond aux exigences de l'ISO/CEI 27001 et peut exploiter les mesures de sécurité de l'ISO/CEI 27002.

MEHARI

La méthode MEHARI (Méthode Harmonisée d'Analyse de Risques) a été développée dans les années 1990 par le CLUSIF19 (Club de la Sécurité de l'Information Français). A l'origine, cette méthode ne traitait que de l'analyse des risques. Elle a évolué pour permettre une gestion de la sécurité de l'organisme dans un environnement ouvert et géographiquement réparti.

MEHARI a été adoptée par des milliers d'organismes à travers le monde et reste la méthode la plus utilisée en France, en particulier dans l'industrie. L'utilisation et la distribution de son logiciel sont libres. En outre, certaines bases de connaissances sont disponibles et une étude illustre la méthode pour faciliter son utilisation.

MEHARI s'appuie sur deux méthodes anciennes aujourd'hui abandonnées, appelées MARION20 (Méthode d'Analyse de Risques Informatiques Optimisée par Niveau) et MELISA (Méthode d'évaluation de la Vulnérabilité Résiduelle des Systèmes d'armement).

Contrairement à la méthode EBIOS, MEHARI repose sur des scénarios de risques qui permettent d'identifier les risques potentiels au sein de l'organisme. Elle est définie comme une boîte à outils conçue pour la gestion de la sécurité. En fonction des besoins, des choix d'orientation, de politique de l'organisation ou simplement des circonstances, la méthode veille à ce qu'une solution d'appréciation des risques appropriée puisse être élaborée. La méthode est présentée sous la forme d'un ensemble que l'on appelle modules, centrés sur l'évaluation des risques et leur gestion.

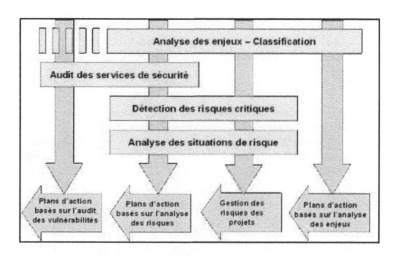

Figure 3:Utilisation des modules de MEHARI

En conclusion, la méthode MEHARI, se caractérise par une démarche « descendante », c'est-à-dire une délégation des décisions de la direction vers les entités opérationnelles.

Elle convient bien aux organisations multi-environnements. Cette méthode est conforme au cahier des charges imposé par l'ISO/CEI 27001.

6. Analyse de risque :

Les exigences de sécurité (Disponibilité, Intégrité, Confidentialité, Preuve) sont définies par les propriétaires des informations.
Le responsable de l'analyse des risques à partir de l'identification exhaustive des actifs sensibles de l'entreprise, des menaces pesant sur ces derniers et des vulnérabilités qu'elles pourraient exploiter, évalue les risques.

7. Gestion du risque :

Le RSSI est le principal acteur à qui s'adresse ce document. Il devra :
- définir la démarche à suivre (description des étapes nécessaires) pour établir son SMSI,
- proposer les mesures de sécurité à mettre en place « a priori ».
  La direction générale a pour attribution principale :
- d'affecter les ressources humaines financières nécessaires à la mise en œuvre des mesures et éventuellement d'accepter certains risques pour l'entreprise,

- de valider et s'engager sur les objectifs de la politique de sécurité.
Les différentes structures de l'entreprise devront mettre en place les mesures validées par la direction générale.

8. Processus d'amélioration continue :

Le Contrôle Interne ou Audit a en charge la conduite de missions d'audit interne de la gestion de la politique de sécurité déployée. Le document précise les modalités (la périodicité, les objets et la qualité) de ses audits du SMSI.

Pourquoi l'ISO 27001 pour la SSI ?

- Amélioration continue.
- Gestion du temps.
- Ce qui n'a cessé de manquer à la SSI depuis son existence universalité.
- Pas de concurrence.
- Applicable à tous les métiers, à tous les secteurs d'activité.
- Applicable à toutes les tailles d'entreprises ou de périmètres complétude.
- Méthodologie d'appréciation des risques
- Méthodologie de construction d'indicateurs et processus d'amélioration continue

III.   Conclusion :

Ce chapitre est une introduction au système de management de sécurité de l'information. Il passe en revue les notions indispensables à considérer avant de se lancer dans le développement d'un système de sécurité de l'information en général, et la nécessité d'un SMSI pour la sécurité d'un système d'information pour la poste tunisienne plus précisément.

L'étude synthétisée des exemples de quelques normes montre qu'à chaque société peut correspondre un ensemble de fonctionnalités adaptées et donc un système de management de sécurité de l'information potentielle.

Cependant, dans un choix raisonné d'un SMSI, il semble indispensable de bien définir un cahier des charges pour le projet de management envisagé et ses objectifs. C'est pour cela que plusieurs tentatives de standardisation de ces environnements ont été proposées.

CHAPITRE III : CONCEPTION

I. Introduction

Le « **cycle de vie d'un logiciel** » (en anglais *software lifecycle*), désigne toutes les étapes du développement d'un logiciel, de sa conception à sa disparition. L'objectif d'un tel découpage est de permettre de définir des jalons intermédiaires permettant la **validation** du développement logiciel, c'est-à-dire la conformité du logiciel avec les besoins exprimés, et la **vérification** du processus de développement, c'est-à-dire l'adéquation des méthodes mises en œuvre.

Le cycle de vie du logiciel comprend généralement au minimum les activités suivantes :

Définition des objectifs, consistant à définir la finalité du projet et son inscription dans une stratégie globale.

Analyse des besoins et faisabilité, c'est-à-dire l'expression, le recueil et la formalisation des besoins du demandeur (le client) et de l'ensemble des contraintes.

Conception générale. Il s'agit de l'élaboration des spécifications de l'architecture générale du logiciel.

Conception détaillée, consistant à définir précisément chaque sous-ensemble du logiciel.

Codage (Implémentation ou programmation), soit la traduction dans un langage de programmation des fonctionnalités définies lors de phases de conception.

Tests unitaires, permettant de vérifier individuellement que chaque sous-ensemble du logiciel est implémenté conformément aux spécifications.

Intégration, dont l'objectif est de s'assurer de l'interfaçage des différents éléments (modules) du logiciel. Elle fait l'objet de *tests* d'intégrations consignées dans un document.

Qualification (ou *recette*), c'est-à-dire la vérification de la conformité du logiciel aux spécifications initiales.

Documentation, visant à produire les informations nécessaires pour l'utilisation du logiciel et pour des développements ultérieurs.

Mise en production, C'est le déploiement sur site du logiciel

Maintenance, comprenant toutes les actions correctives (maintenance corrective) et évolutives (maintenance évolutive) sur le logiciel.

La séquence et la présence de chacune de ces activités dans le cycle de vie dépend du choix d'un modèle de cycle de vie entre le client et l'équipe de développement.

II.   Modèles de cycles de vie

Afin d'être en mesure d'avoir une méthodologie commune entre le client et la société de service réalisant le développement, des modèles de cycle de vie ont été mis au point définissant les étapes du développement ainsi que les documents à produire permettant de valider chacune des étapes avant de passer à la suivante.

1. Modèle en cascade

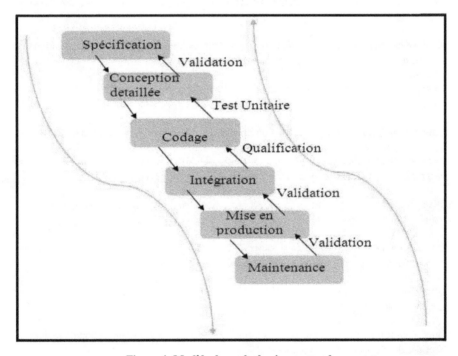

Figure 4: Modèle du cycle de vie en cascade

Le modèle de cycle de vie en cascade a été mis au point dès 1966, puis formalisé aux alentours de 1970.

Dans ce modèle le principe est très simple : chaque phase se termine à une date précise par la production de certains documents ou logiciels. Les résultats sont définis sur la base des interactions entre étapes, ils sont soumis à une revue approfondie et on ne passe à la phase suivante que s'ils sont jugés satisfaisants.

Le modèle original ne comportait pas de possibilité de retour en arrière. Celle-ci a été rajoutée ultérieurement sur la base qu'une étape ne remet en cause que l'étape précédente, ce qui, dans la pratique, s'avère insuffisant.

L'inconvénient majeur du modèle de cycle de vie en cascade est que la vérification du bon fonctionnement du système est réalisée trop tardivement: lors de la phase d'intégration, ou pire, lors de la mise en production.

2. Modèle en V

Le modèle de cycle de vie en V part du principe que les procédures de vérification de la conformité du logiciel aux spécifications doivent être élaborées dès les phases de conception.

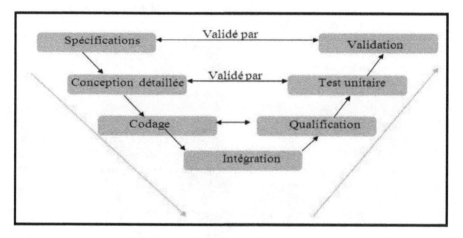

Figure 5: Modèle du cycle de vie en V

Le modèle en V demeure actuellement le cycle de vie le plus connu et certainement le plus utilisé. Il s'agit d'un modèle en cascade dans lequel le développement des tests et des logiciels sont effectués de manière synchrone.

Le principe de ce modèle est qu'avec toute décomposition doit être décrite la recomposition et que toute description d'un composant est accompagnée de tests qui permettront de s'assurer qu'il correspond à sa description.

Ceci rend explicite la préparation des dernières phases (validation-vérification) par les premières (construction du logiciel), et permet ainsi d'éviter un écueil bien connu de la spécification du logiciel : énoncer une propriété qu'il est impossible de vérifier objectivement après la réalisation.

La représentation en V tient d'avantage compte de la réalité, le processus de développement n'est pas réduit à un enchaînement de tâches séquentielles. Elle montre que:

- ✓ C'est en phase de spécification que l'on se préoccupe des procédures de qualification.
- ✓ c'est en phase de conception globale que l'on se préoccupe des procédures d'intégration.
- ✓ C'est en phase de conception détaillée que l'on prépare les tests unitaires.

Le modèle de cycle de vie en V permet d'anticiper sur les phases ultérieures de développement du produit. En particulier le modèle en V permet de commencer plus tôt:
- ✓ Plan de tests de qualification.
- ✓ Plan d'évaluation des performances.

Cependant, ce modèle souffre toujours du problème de la vérification trop tardive du bon fonctionnement du système.

3. Le modèle en spirale

(*spiral model*) est un modèle de cycle de développement logiciel qui reprend les différentes étapes du cycle en V. Par l'implémentation de versions successives, le cycle recommence en proposant un produit de plus en plus complet et dur. Le cycle en spirale met cependant plus l'accent sur la gestion des risques que le cycle en V.

On distingue quatre phases dans le déroulement du cycle en spirale :

- ✓ détermination des objectifs, des alternatives et des contraintes.
- ✓ analyse des risques, évaluation des alternatives.
- ✓ développement et vérification de la solution retenue.
- ✓ revue des résultats et vérification du cycle suivant.

III.   Méthodologies de conception :

1. Etude comparative entre MERISE et UML :

MERISE (*Méthode d'Etude et de Réalisation Informatique pour les Systèmes d'Entreprise*) est une méthode d'analyse et de réalisation des systèmes d'information qui est élaborée en plusieurs étapes: schéma directeur, étude préalable, étude détaillée et la réalisation.

Alors que **UML** (*Unified Modeling Langage*), est un langage de modélisation des systèmes standard, qui utilise des diagrammes pour représenter chaque aspect d'un système ie: statique, dynamique,....en s'appuyant sur la notion d'orienté objet qui est un véritable atout pour ce langage.

Merise ou UML ?

Les "méthodologues" disent qu'une méthode, pour être opérationnelle, doit avoir 3 composantes:

- ✓ une démarche (les étapes, phases et tâches de mise en oeuvre),

- ✓ des formalismes (les modélisations et les techniques de transformation),

- ✓ une organisation et des moyens de mise en oeuvre.

Merise s'est attachée, en son temps, à proposer un ensemble "cohérent" sur ces trois composantes. Certaines ont vieilli et ont du être réactualisées (la démarche), d'autre "tiennent encore la route" (les modélisations).

UML se positionne exclusivement comme un ensemble de formalismes. Il faut y associer une démarche et une organisation pour constituer une méthode.

Merise se positionne comme une méthode de conception de SI organisationnel, plus tournée vers la compréhension et la formalisation des besoins du métier que vers la réalisation de logiciel. En sens, Merise se réclame plus de l'ingénierie du SI métier que du génie logiciel. Jamais Merise ne s'est voulu une méthode de développement de logiciel ni de programmation.

UML, de par son origine (la programmation objet) s'affirme comme un ensemble de formalismes pour la conception de logiciel à base de langage objet.

Merise est encore tout à fait valable pour:
- ✓ la modélisation des données en vue de la construction d'une base de données relationnelle, la modélisation des processus métiers d'un SI automatisé en partie par du logiciel,
- ✓ la formalisation des besoins utilisateur dans le cadre de cahier des charges utilisateur, en vue de la conception d'un logiciel adapté.

UML est idéal pour :

✓ concevoir et déployer une architecture logiciel développée dans un langage objet (Java, C++, VB.net). Certes UML, dans sa volonté "unificatrice" a proposé des formalismes.

✓ pour modéliser les données (le modèle de classe réduit sans méthodes et stéréotypé en entités), mais avec des lacunes que ne présentait pas l'entité relation de Merise.

✓ pour modéliser le fonctionnement métier (le diagramme d'activité et de cas d'utilisation) qui sont des formalismes très anciens qu'avait, en son temps, amélioré Merise...

Après cette étude comparative, il est certes que je vais adopter UML comme langage de modélisation puisque je vais utiliser le concept de l'orienter objet ainsi JAVA comme langage, pour développer l'application de l'SMSI pour la poste tunisienne.

2. La démarche adoptée :

La démarche que j'adopte s'inspire du Processus Unifié, dans la mesure où elle suit les cinq activités citées précédemment et sera réalisée en une seule itération.
Je justifie mon choix par le fait que les besoins de mon futur système, quoi que nombreux, sont clairs et définis dès le départ. Il est donc inutile de les analyser selon plusieurs itérations.
Ainsi, dans chaque activité, je traite les cas d'utilisation qui traduisent les fonctionnalités du futur système et qui seront analysés et conçus de façon détaillée.
Mon outil de conception UML est le logiciel *Rational Rose 2003 Enterprise Edition* de Rational Software Corporation. C'est une référence pour la modélisation UML. Je vais l'utiliser pour réaliser tous les diagrammes UML.

Il ya 9 types de diagrammes :

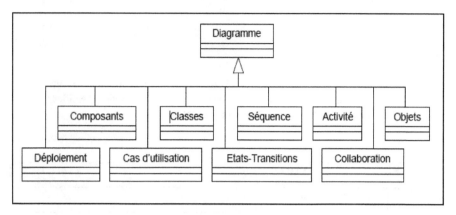

Figure 6: les différents types de diagrammes

Dans notre travail, on va essayer de travailler avec deux vues (trois diagrammes)

- ✓ **Vue statique :**

  - diagramme de cas d'utilisation : décrit les besoins utilisateurs.

  -diagramme des classes : définit la structure statique.

- ✓ **Vue dynamique :**

  - diagramme de séquence : scénarios et flots de messages

IV.   Conception détaillée :

Cas d'utilisation	Acteurs
Authentification	utilisateur (site)/ responsable (administrateur).
Réclamation	utilisateur (site)
Service	utilisateur (site)
contrôler les services	responsable (administrateur)

1. Authentification :
✓ *Description :*

Dans un souci de sécurité de notre système, et la sécurisation de l'information, avant d'effectuer une tâche quelconque, tous les utilisateurs du système doivent s'identifier en saisissant leurs identificateurs (*Login, Password*) respectifs.

SOMMAIRE D'IDENTIFICATION	
Titre :	Exprimer une Authentification.
But :	Entrer un login et un password pour pouvoir connecter.
Résumé :	Après avoir entré *Login et Password*, l'utilisateur peut accéder seulement à l'interface site s'il est client, ou peut accéder aux différents sites et consulter les données s'il est administrateur (central).
Acteur :	utilisateur

DESCRIPTION DES ENCHAINEMENTS	

Pré conditions	Post conditions
Identifiant ().	-afficher l'interface site, ou
Mot de passe ().	-afficher l'interface centrale et pouvoir consulter les données de tous les sites.

Scénario nominal
1. L'utilisateur s'authentifier.
2. si les données sont correctes, le contenu de la plateforme s'affiche.
3.. L'utilisateur choisit une tache (à partir des menus).
4.. lorsque l'utilisateur click sur une tache, il peut consulter ce qu'il se trouve sur la plateforme.

Enchaînement alternatif
E1 : champs authentifiant ou mot de passe est faut ou vide.

1. Le système affiche un message d'erreur

2. Le scénario reprend au point 1

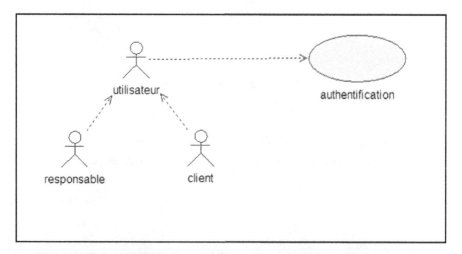

Diagramme 1: Diagramme de cas d'utilisation « Authentification »

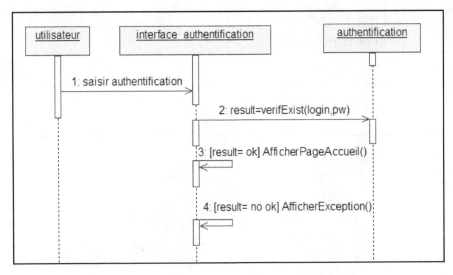

Diagramme 2: Diagramme de séquence « Authentification »

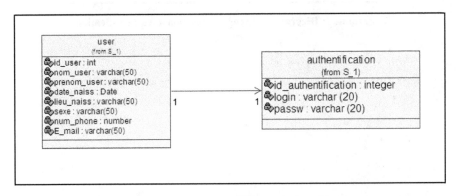

Diagramme 3: Diagramme de classe « Authentification »

2. Création d'un nouveau compte :

✓ *Description :*

La création d'un nouveau compte par le responsable se limite à créer une instance de la classe « Authentification » et une autre de la classe des utilisateurs; le responsable doit remplir les informations du nouvel utilisateur lors de l'inscription.

SOMMAIRE D'IDENTIFICATION	
Titre :	Créer un nouveau compte.
But :	Création d'un nouveau compte s'il ya ajout d'un nouveau site.
Résumé :	Le responsable au droit d'ajouter ou de créer un nouveau compte à chaque fois il ya nécessitée, une fenêtre s'affiche pour enregistrer les informations à propos le nouveau site.
Acteur :	responsable
DESCRIPTION DES ENCHAINEMENTS	

Pré conditions	*Post conditions*
Identifiant (). Mot de passe ().	-afficher le menu. -choisir le menu créer compte. -valider la création.

Scénario nominal
3. Le responsable s'authentifié. 2. une fenêtre responsable sera affichée. 3. Le responsable choisit le menu « créer compte ». 4. le responsable remplit le formulaire 5. le responsable valide la création.

Enchaînement alternatif
E1 : champs authentifiant ou mot de passe est faut ou vide. 1. Le système affiche un message d'erreur

2. Le scénario reprend au point 1

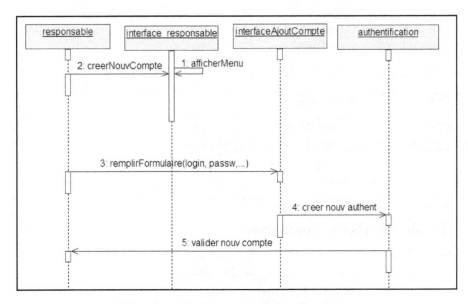

Diagramme 4: Diagramme de séquence « création d'un nouveau compte »

3.   **Communication:**

SOMMAIRE De Service	
Titre :	Choisir le menu communication et choisir la commande à faire (changer mot de passe, données critiques, rupture exportation, demande…).
But :	Afficher les différentes demandes, et envoyer la demande concernée.
Résumé :	Après avoir choisi la commande, le client doit remplir un formulaire et cliquer sur le bouton envoyer.
Acteur :	client.

DESCRIPTION DES ENCHAINEMENTS	
Pré conditions	*Post conditions*
Authentification (). Choix de la commande par le client.	Remplir le formulaire et cliquer sur le bouton envoyer.
Scénario nominal	
1. Le client choisit une commande depuis la liste de menu demande. 2. le client doit remplir le formulaire. 3. le client doit cliquer sur le bouton envoyer.	
Enchaînement alternatif	
E1 : Liste de commandes non affichée. 1. Le système affiche un message d'erreur « vous n'avez pas le droit de donner une demande maintenant »	

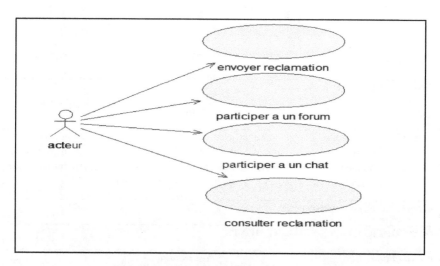

Diagramme 5: Diagramme cas d'utilisation « Communication»

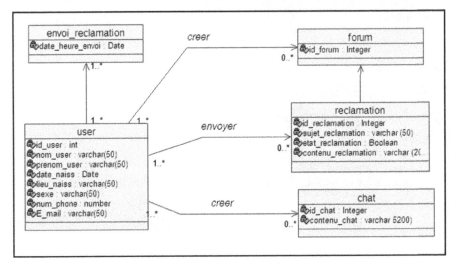

Diagramme 6: Diagramme de classe « Communication».

4.   Contrôler les services:

SOMMAIRE de contrôler les services	
Titre :	Contrôler les services.
But :	Contrôler tous les clients et sécuriser l'information.
Résumé :	Le responsable peut consulter, contrôler, et modifier quelques données critiques de tous les sites afin de pouvoir rectifier un paiement faut, dépanner un problème réseaux, importer la base de donnée, contrôler le service informatique et les fournisseurs, essayer de minimiser la tolérance de panne...
Acteur :	responsable (central).
DESCRIPTION DES ENCHAINEMENTS	
Pré conditions	*Post conditions*

-Authentification.	-consulter les réclamations.
-Accessibilité de voir tous les clients.	- consulter les services.
	-répondre aux besoins clients.
	- contrôler les services et les pannes.
	-importation et exportation de la base.
	...

Scénario nominal

1. le responsable peut accéder à tous les clients.

2. il consulte, contrôle, et exploite les données…

Enchaînement alternatif

E1 : Liste de clients vide

1. Le système affiche un message d'erreur

2. Le scénario affiche l'interface responsable.

E2 : ne peut pas accéder aux clients

1. Le système affiche un message d'erreur

2. Le scénario affiche la liste de clients.

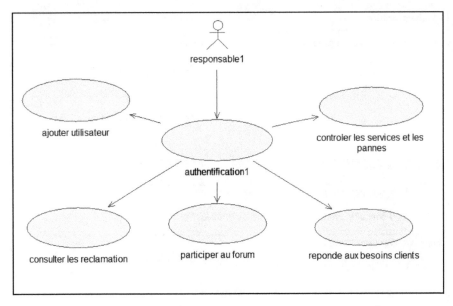

Diagramme 7: Diagramme de cas d'utilisation « Contrôler les services».

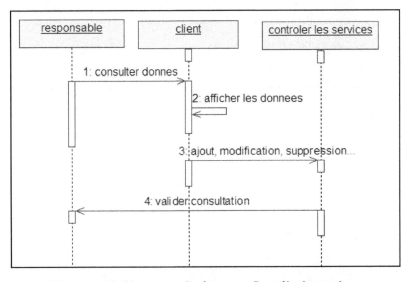

Diagramme 8: Diagramme de séquence « Contrôler les services»

5. **Diagramme de classe de « SMSI » :**

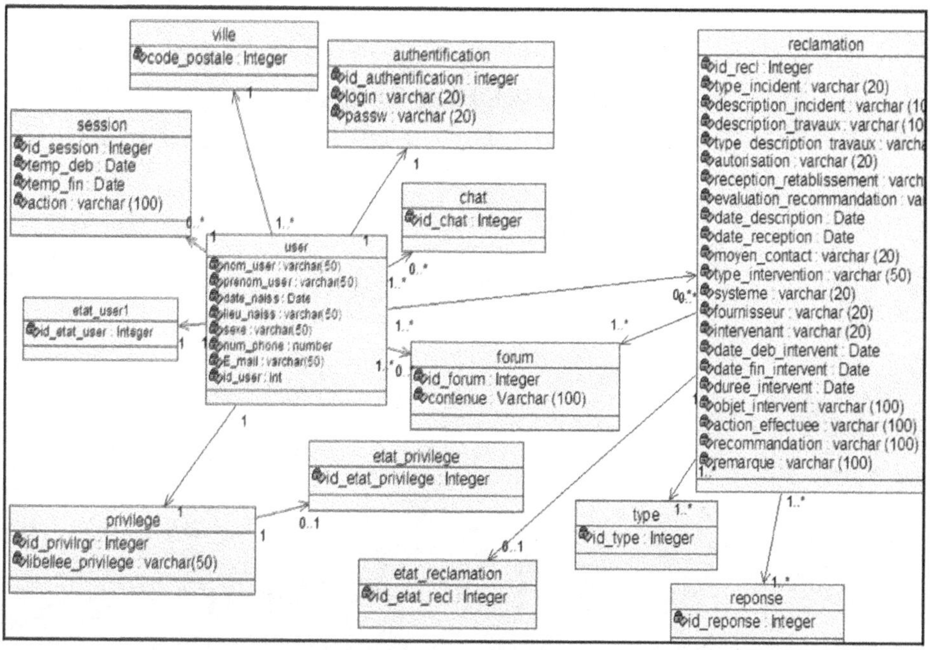

Diagramme 9: Diagramme de classe de « SMSI ».

6. **Conclusion**

Ce chapitre est d'une grande importance pour la suite du travail ; du fait qu'il projette les notions théoriques vues dans l'étude bibliographique sur un cas pratique d'un système de management de sécurité de l'information et qu'il traite de la conception du système à réaliser ; sans laquelle la réalisation ne pourra se faire comme il se doit. Nous y avons d'abord décrit le fonctionnement général de notre système de sécurisation de l'information, puis expliqué le fonctionnement détaillé de chaque sous-système composant le système global par le moyen de schémas explicatifs et une modélisation par des diagrammes UML. La partie suivante du document sera consacrée à l'implémentation et la mise en œuvre technique du SMSI.

CHAPITRE IV : RÉALISATION

I. Introduction :

Ce chapitre traite des aspects techniques liés à l'implémentation et la mise en œuvre de notre système de management de sécurité de l'information basée sur MySQL. Nous y présenterons d'abord nos choix des technologies et outils adoptés pour le développement du système. Nous aborderons ensuite les principales fonctionnalités offertes par notre application aux différents types d'utilisateurs (responsable, clients) ainsi leur droit d'accès. Les prises d'écrans et les explications assez approfondies sont à même de résumer le fonctionnement global du système (SMSI de la poste tunisienne).

II. Environnement logiciel :

1. Description du modèle Vue Contrôleur MVC2 :

L'organisation globale d'une interface graphique est souvent délicate. L'architecture MVC ne résout pas tous les problèmes. Elle fournit souvent une première approche qui peut ensuite être adaptée. Elle offre aussi un cadre pour structurer une application.

Ce modèle d'architecture impose la séparation entre les données, la présentation et les traitements, ce qui donne trois parties fondamentales dans l'application finale : le modèle, la vue et le contrôleur

a- Le modèle

Le modèle représente le comportement de l'application : traitements des données, interactions avec la base de données, etc. Il décrit ou contient les données manipulées par l'application. Il assure la gestion de ces données et garantit leur intégrité. Dans le cas typique d'une base de données, c'est le modèle qui la contient. Le modèle offre des méthodes pour mettre à jour ces données (insertion, suppression, changement de valeur). Il offre aussi des méthodes pour récupérer ces données. Les résultats renvoyés par le modèle sont dénués de toute présentation.

Dans le cas de données importantes, le modèle peut autoriser plusieurs vues partielles des données. Si par exemple le programme manipule une base de données pour les emplois du temps, le modèle peut avoir des méthodes pour avoir tous les cours d'une salle, tous les cours d'une personne ou tous les cours d'un groupe de TD.

b-   La vue

La vue correspond à l'interface avec laquelle l'utilisateur interagit. Sa première tâche est de présenter les résultats renvoyés par le modèle. Sa seconde tâche est de recevoir toutes les actions de l'utilisateur (clic de souris, sélection d'une entrée, boutons, etc). Ces différents événements sont envoyés au contrôleur. La vue n'effectue aucun traitement, elle se contente d'afficher les résultats des traitements effectués par le modèle et d'interagir avec l'utilisateur.

Plusieurs vues, partielles ou non, peuvent afficher des informations d'un même modèle. Par exemple, une application de conversion de bases a un entier comme unique donnée. Ce même entier peut être affiché de multiples façons (en texte dans différentes bases, bit par bit avec des boutons à cocher, avec des curseurs). La vue peut aussi offrir la possibilité à l'utilisateur de changer de vue.

Elle peut être conçue en html, ou tout autre « langage » de présentation.

c-   Le contrôleur

Le contrôleur prend en charge la gestion des événements de synchronisation pour mettre à jour la vue ou le modèle et les synchroniser. Il reçoit tous les événements de l'utilisateur et enclenche les actions à effectuer. Si une action nécessite un changement des données, le contrôleur demande la modification des données au modèle, ce dernier avertit la vue que les données ont changée pour qu'elle se mette à jour. Certains événements de l'utilisateur ne concernent pas les données mais la vue. Dans ce cas, le contrôleur demande à la vue de se modifier. Le contrôleur n'effectue aucun traitement, ne modifie aucune donnée. Il analyse la requête du client et se contente d'appeler le modèle adéquat et de renvoyer la vue correspondant à la demande.

Par exemple, dans le cas d'une base de données gérant les emplois du temps des professeurs d'une école, une action de l'utilisateur peut être l'entrée (saisie) d'un nouveau cours. Le contrôleur ajoute ce cours au modèle et demande sa prise en compte par la vue. Une action de l'utilisateur peut aussi être de sélectionner une nouvelle personne pour visualiser tous ses cours. Ceci ne modifie pas la base des cours mais nécessite simplement que la vue s'adapte et offre à l'utilisateur une vision des cours de cette personne.

Quand un même objet contrôleur reçoit les événements de tous les composants, il lui faut déterminer quelle est l'origine de chaque événement. Ce tri des événements peut s'avérer fastidieux et peut conduire à un code pas très élégant *C'est pourquoi le contrôleur est souvent scindé en plusieurs parties dont chacune reçoit les événements d'une partie des composants.*

2.   Description de la différence entre le modèle MVC1 et MVC2 :

a-   Le modèle MVC type 1

Dans ce modèle, chaque requête est traitée par un contrôleur sous la forme d'une servlet. Celle-ci traite la requête, fait appel aux éléments du model si nécessaire et redirige la requête vers une JSP qui se charge de créer la réponse à l'utilisateur.

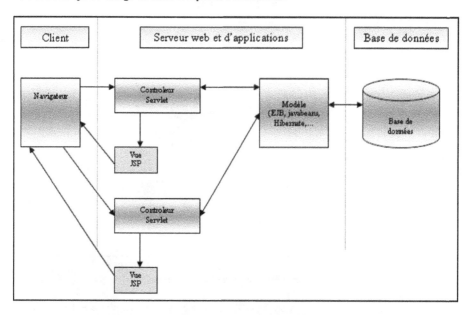

Figure 7: les différents types de diagrammes

L'inconvénient est donc une multiplication du nombre de servlets nécessaire à l'application : l'implémentation de plusieurs servlets nécessite beaucoup de code à produire d'autant que chaque servlet doit être déclarée dans le fichier web.xml.

b-   Le modèle MVC de type 2

Le principal défaut du modèle MVC est le nombre de servlets à développer pour une application.

Pour simplifier les choses, le modèle MVC model 2 ou MVC2 de Sun propose de n'utiliser qu'une seule et unique servlet comme contrôleur. Cette servlet se charge d'assurer le worflow des traitements en fonction des requêtes http reçues.

Le modèle MVC 2 est donc une évolution du modèle 1 : une unique servlet fait office de contrôleur et gère toutes les requêtes à traiter en fonction d'un paramétrage généralement sous la forme d'un fichier au format XML.

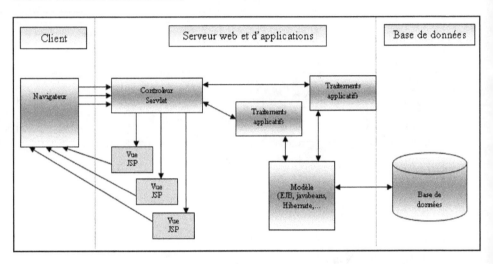

Figure 8: Le modèle MVC de type 2

Le modèle MVC II conserve les principes du modèle MVC, mais il divise le contrôleur en deux parties en imposant un point d'entrée unique à toute l'application (première partie du contrôleur) qui déterminera à chaque requête reçue les traitements applicatifs à invoquer dynamiquement (seconde partie du contrôleur).

Une application web implémentant le modèle MVC de type II utilise une servlet comme contrôleur traitant les requêtes. En fonction de celles-ci, elle appelle les traitements dédiés généralement encapsulés dans une classe.

Dans ce modèle, le cycle de vie d'une requête est le suivant :

1. Le client envoie une requête à l'application qui est prise en charge par la servlet faisant office de contrôleur.
2. La servlet analyse la requête et appelle la classe dédiée contenant les traitements
3. Cette classe exécute les traitements nécessaires en fonction de la requête notamment en faisant appel aux objets métiers.

4. En fonction du résultat des traitements, la servlet redirige la requête vers la page JSP
5. La JSP génère la réponse qui est renvoyée au client

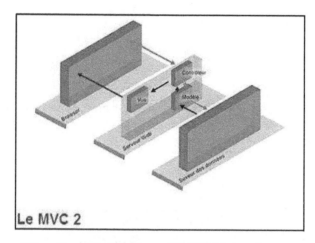

Figure 9: architecture du modèle MVC de type 2

- La seconde version de ce modèle de conception se base sur la première version. Suite au retour d'expérience sur l'utilisation du MVC1, le modèle a été revu pour être simplifié. Alors que dans un MVC1 il y a avait autant de contrôleurs que d'actions possibles par l'utilisateur, le MVC2 autorise la création de contrôleur gérant un ensemble d'actions. Cela permet de réduire considérablement le nombre de contrôleurs et de les regrouper d'un point de vue fonctionnel (ou en terme de *use case*).
- De plus, ce nouveau modèle recommande l'utilisation d'un super contrôleur. Ce dernier reçoit toutes les interactions de l'utilisateur et les redirige vers le bon contrôleur.

3. Description du Framework JPA :

L'intérêt d'implémenter une couche de mapping objet-relationnel entre un modèle métier « objet » et une base de données relationnelle n'est probablement plus à démontrer : le code qui contient les requêtes SQL est isolé dans un endroit unique, permettant une adhérence réduite au schéma de la base ; le modèle métier peut respecter les principes de la programmation objet, utiliser l'héritage et la navigation.

Issue des travaux du groupe d'experts de la JSR 220 (EJB 3), JPA est une spécification clé de Java EE 5. Loin d'être un framework de plus, JPA établit une norme standard simplifiée pour la persistance afin de garantir une meilleure portabilité des applications Java EE 5. JPA reprend naturellement les meilleures pratiques de Framework établis tels Hibernate ou TopLink. EJB 3 s'appuie sur JPA pour la persistance des entités.

4.   Création de la base de données :

a. Définition

Visual Paradigm est un outil de modélisation UML. Il permet d'analyser, de dessiner, de coder, de tester et de déployer. L'application vous permet de dessiner tous les types de diagrammes UML, d'inverser le code source pour le modèle UML, générer le code source à partir de diagrammes et d'élaborer la documentation.

b. Description de la génération du bas de données :

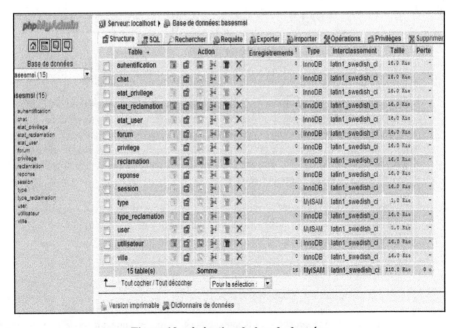

Figure 10: génération du bas de données

III.   Environnement Matériel :

1.   Architecture matérielle :

Cette architecture nous montre comment tous les sites (clients) envoient la réclamation au central (serveur), qui stocke toute les taches et les réclamations dans la base de données.

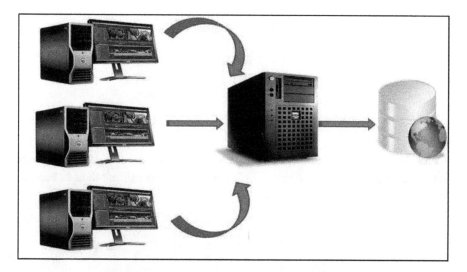

Figure 11: Architecture matériel de mon système

2. Matériel utilisé :

Pour la réalisation du projet, j'ai utilisé : Un pc portable pour le développement ayant les caractéristiques suivantes :
➢ Processeur Intel Core 2 Duo 1.73 GHz,
➢ 1 Go de mémoire vive,
➢ Disque dur de capacité 120 Go,
Système d'exploitation Microsoft Windows XP.

III.   Technologies :

JSF est un standard J2EE.

Java Server Faces est un Framework d'interface utilisateur pour les applications web, basé sur les technologies JSP et Servlets.

Le but de JSF est d'accroître la productivité des développeurs dans le développement des interfaces utilisateur tout en facilitant leur maintenance.

Le support de JSF par les éditeurs J2EE est obligatoire. Actuellement, les plus grands éditeurs Java annoncent ou proposent une intégration de JSF dans leurs IDEs.

JSF permet :

– une séparation nette entre la couche de présentation et les autres couches

– le mapping HTML/Objet

– un modèle riche de composants graphiques réutilisables

– une gestion de l'état de l'interface entre les différentes requêtes

– une liaison simple entre les actions côté client de l'utilisateur et le code Java correspondant côté Serveur

– la création de composants customs grâce à une API

IV. Les composantes applicatives réalisées

1. Interface de connexion :

Cette interface donne la main aux utilisateurs à accéder aux différentes interfaces, après la vérification si leur login et password existent dans la base de données.

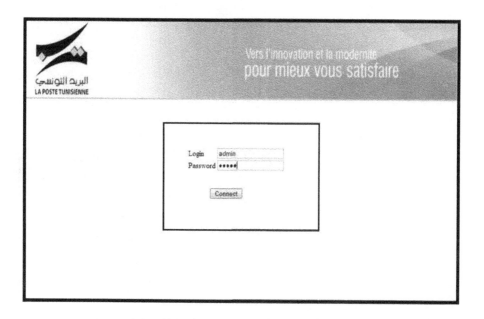

Figure 12: interface Authentification

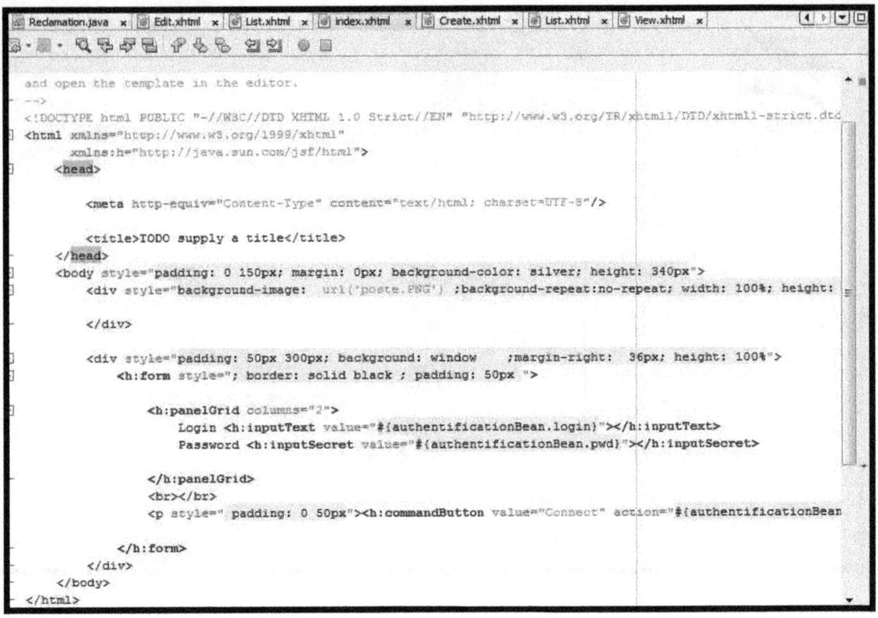

Figure 13 : code source Authentification

2.   Interface de Réclamation:

Une fois l'utilisateur a le droit d'accéder aux réclamations, il va choisir l'une des interfaces ; et rempli le formulaire (date, code type incident, action à réaliser…..), attentivement, ensuite, il doit l'enregistrer pour le sauvegarder dans la base de donnée.

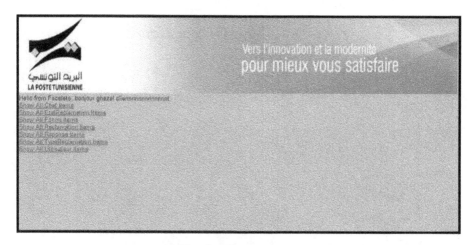

Figure 14: interface Client

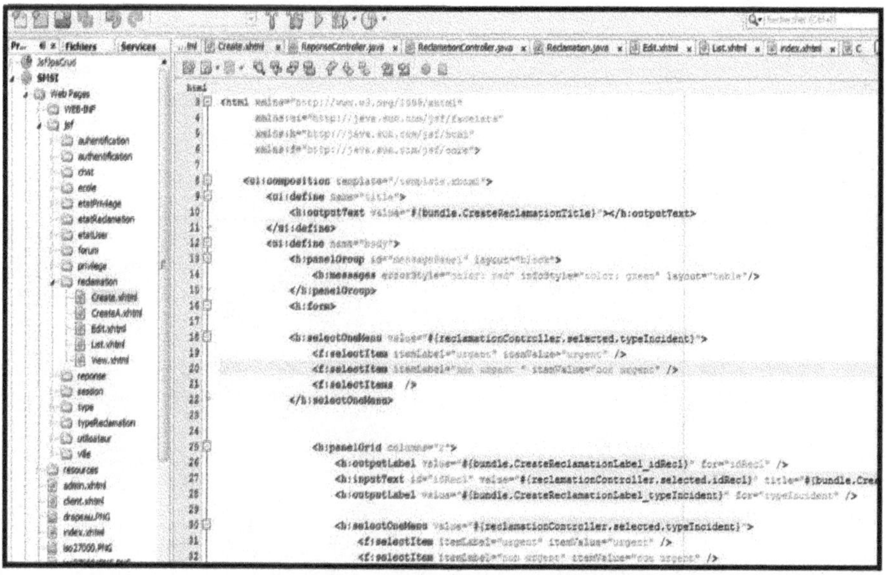

Figure 15: code source créé Réclamation

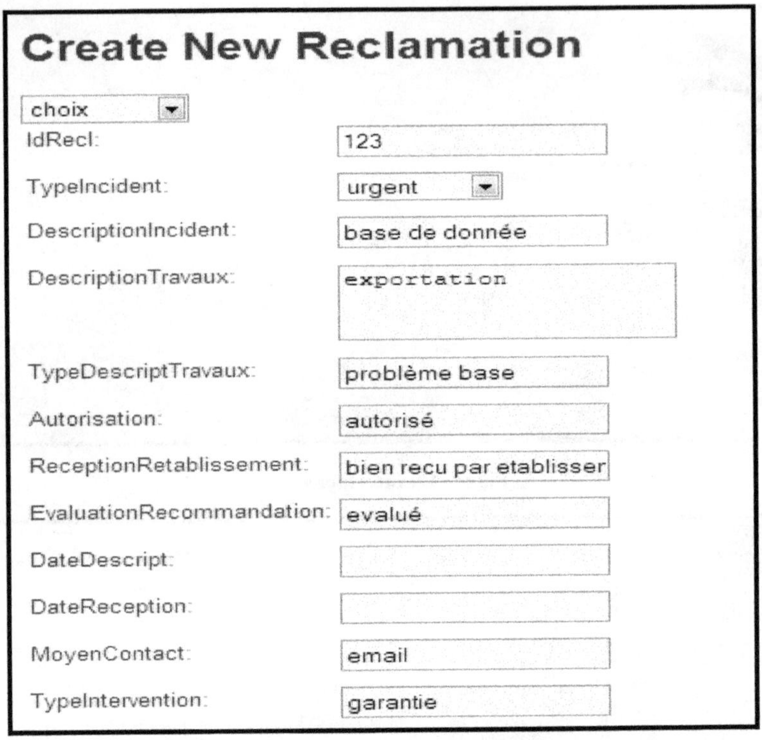

Create New Reclamation

choix ▼

IdRecl: 123

TypeIncident: urgent ▼

DescriptionIncident: base de donnée

DescriptionTravaux: exportation

TypeDescriptTravaux: problème base

Autorisation: autorisé

ReceptionRetablissement: bien recu par etablisser

EvaluationRecommandation: evalué

DateDescript:

DateReception:

MoyenContact: email

TypeIntervention: garantie

Figure 16: interface Réclamation

Dans cette fiche, le client doit préciser le type d'intervention, le système, le fournisseur..., et il attend le fournisseur ou le technicien pour résoudre le problème.

IdRecl	TypeIncident	DescriptionIncident	DescriptionTravaux	TypeDescriptTravaux	Autorisation	ReceptionRetablissement
123	urgent	base de donnée	exportation	problème base	autorisé	
124	non urgent	réseaux	problème réseaux	liaison serveur	autorisé	recu
125	urgent	système	problème système d'exploitation	redemarrage	autorisé	recu

List

1. 3/3

Create New Reclamation

Index

Figure 17: interface Réclamation sauvegardée

3.   Interface d'Administrateur :

L'administrateur a le droit de consulter les différentes client, il a le droit aussi d'effacer, modifier, ou ajouter un client.

Figure 18: interface Administrateur

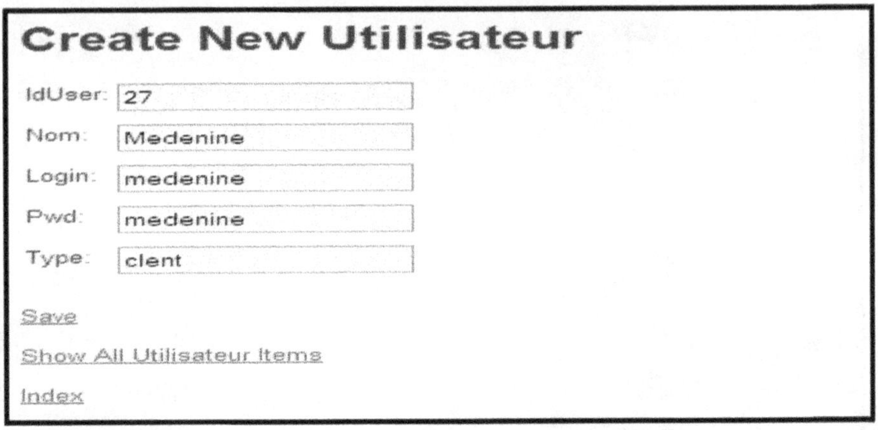

Create New Utilisateur

IdUser: 27

Nom: Medenine

Login: medenine

Pwd: medenine

Type: clent

Save

Show All Utilisateur Items

Index

Figure 19: interface Création d'un nouvel Utilisateur

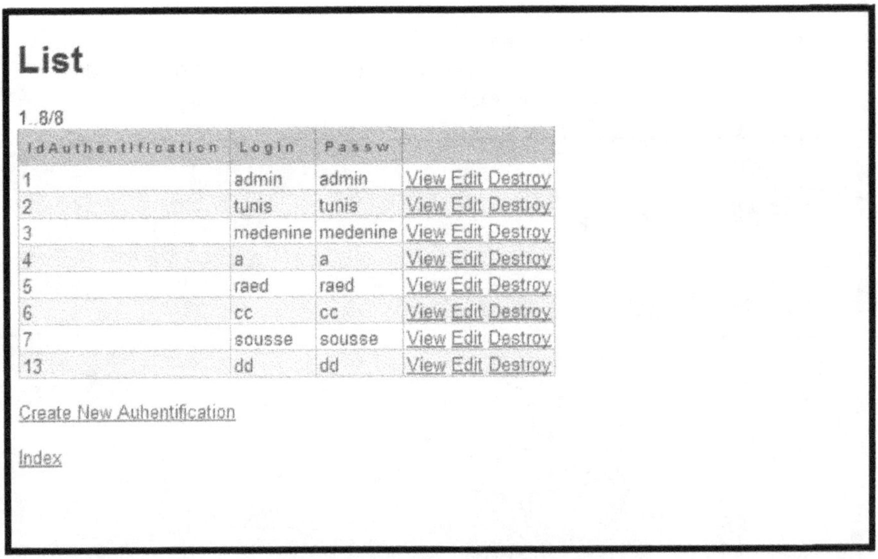

List

1..8/8

IdAuthentification	Login	Passw			
1	admin	admin	View	Edit	Destroy
2	tunis	tunis	View	Edit	Destroy
3	medenine	medenine	View	Edit	Destroy
4	a	a	View	Edit	Destroy
5	raed	raed	View	Edit	Destroy
6	cc	cc	View	Edit	Destroy
7	sousse	sousse	View	Edit	Destroy
13	dd	dd	View	Edit	Destroy

Create New Auhentification

Index

Figure 20: interface List Authentification

CONCLUSION ET PERSPECTIVES

Mon projet a consisté en la conception et le développement d'une application de Système de Management de Sécurisation de l'Information au sein de la direction informatique de la poste tunisienne qui cherche à intégrer ce système selon la norme ISO 27001, afin d'apporter une valeur ajoutée et un meilleur service aux clients en ce qui concerne la sécurisation des informations et la gestion des risques.

Je suis arrivé à développer une fonctionnalité du système dans les temps. Le test a été réalisé avec succès, c'est-à-dire que l'application est maintenant prête à installer sur les différentes régions.

Ce stage a été pour moi, l'occasion d'une part d'approfondir mes connaissances théoriques, acquises durant les 3 semestres de mon master, par la pratique des nouvelles technologies.

Cette expérience m'a permis de maîtriser le langage UML, l'environnement de développement java à savoir l'IDE Netbeans, sous lequel, le développement n'a pas été une tâche facile, mais je n'ai pas hésité à y participer.

Il m'a également permis de découvrir comment se passe l'intégration d'une application sur un serveur web. Le stage quotidien au sein de la poste tunisienne a aussi été pour moi une occasion unique pour épanouir mes capacités de communication dans un environnement professionnel. C'est une expérience très enrichissante sur tous les domaines.

Enfin, l'application que j'ai développé pourrait être enrichie par des fonctionnalités avancées telles que l'intégration des nouvelles taches selon la nécessité des clients, la création d'un protocole de communication dédié et plus sécurisé que le HTTP et pourquoi pas rendre l'application compatible avec plusieurs plateformes mobiles.

BIBLIOGRAPHIE ET RÉFÉRENCES

http://www.northconsulting.fr/ISO27001.html

http://www.resys-consultants.com/index.php?page=certification_BS

http://www.piloter.org/systeme-information/securite-ISO-27001.htm

http://javaweb.developpez.com/cours/

http://uml.developpez.com/

http://webstore.iec.ch/preview/info_isoiec27001%7Bed1.0%7Dfr.pdf

http://javaweb.developpez.com/faq/jsf/?page=composants_selectMany

ANNEXE

Objectifs de sécurité et mesures de sécurité

Les objectifs de sécurité et les mesures de sécurité énumérés dans le Tableau A.1 proviennent directement et sont alignés sur les objectifs de sécurité et les mesures de sécurité énumérés dans l'ISO/CEI 27001: 2005, **Articles A5, A6.1, A10, A6, A9.2, A10, A10.5, A13**. Les listes figurant dans ces tableaux ne sont pas exhaustives et un organisme peut considérer nécessaires des objectifs de sécurité et des mesures de sécurité additionnels. Les objectifs de sécurité et les mesures de sécurité mentionnés dans ces tableaux doivent être sélectionnés comme partie intégrante du processus d'application du SMSI.

Les Articles **A5, A6.1, A10, A6, A9.2, A10, A10.5, A13**, de l'ISO/CEI 27001: 2005 fournissent des recommandations de mise en œuvre et des lignes directrices afférentes aux meilleures pratiques, venant à l'appui des mesures spécifiées aux paragraphes , **A6.1, A10, A6, A9.2, A10, A10.5, A13**.

Tableau A.1 de quelques Objectifs de sécurité et mesures de sécurité :

A.5 Politique de sécurité		
A.5.1 Politique de sécurité de l'information *Objectif:* Apporter à la sécurité de l'information une orientation et un soutien de la part de la direction, conformément aux exigences métier et aux lois et règlements en vigueur		
A.5.1.1	Document de politique de sécurité de l'information	*Mesure* Un document de politique de sécurité de l'information doit être approuvé par la direction, puis publié et diffusé auprès de l'ensemble des salariés et des tiers concernés.
A.5.1.2	Réexamen de la politique de sécurité de l'information	*Mesure* Pour garantir la pertinence, l'adéquation et l'efficacité de la politique de sécurité de l'information, la politique doit être réexaminée à intervalles fixés préalablement ou en cas de changements majeurs.

A.6 Organisation de la sécurité de l'information

A.6.1 Organisation interne
Objectif: Gérer la sécurité de l'information au sein de l'organisme.

A.6.1.1	Implication de la direction vis-à-vis de la sécurité de l'information	*Mesure* La direction doit soutenir activement la politique de sécurité au sein de l'organisme au moyen de directives claires, d'un engagement démontré, d'attribution de fonctions explicites et d'une reconnaissance des responsabilités liées à la sécurité de l'information.
A.6.1.2	Coordination de la sécurité de l'information	*Mesure* Les activités relatives à la sécurité de l'information doivent être coordonnées par des intervenants ayant des fonctions et des rôles appropriés représentatifs des différentes parties de l'organisme.
A.6.1.3	Attribution des responsabilités en matière de sécurité de l'information	*Mesure* Toutes les responsabilités en matière de sécurité de l'information doivent être définies clairement.
A.6.1.4	Système d'autorisation concernant les moyens de traitement de l'information	*Mesure* Un système de gestion des autorisations doit être défini et mis-en œuvre pour chaque nouveau moyen de traitement de l'information.

A.9.2 Sécurité du matériel
Objectif: Empêcher la perte, l'endommagement, le vol ou la compromission des actifs et l'interruption des activités de l'organisme.

A.9.2.1	Choix de l'emplacement et protection du matériel	*Mesure* Le matériel doit être situé et protégé de manière à réduire les risques de menaces et de dangers environnementaux et les possibilités d'accès non autorisé.
		Mesure

A.9.2.2	Services généraux	Le matériel doit être protégé des coupures de courant et autres perturbations dues à une défaillance des services généraux.
A.9.2.3	Sécurité du câblage	*Mesure* Les câbles électriques ou de télécommunications transportant des données doivent être protégés contre toute interception d'information ou dommage.
A.9.2.4	Maintenance du matériel	*Mesure* Le matériel doit être entretenu correctement pour garantir sa disponibilité permanente et son intégrité.
A.9.2.5	Sécurité du matériel hors des locaux	*Mesure* La sécurité doit être appliquée au matériel utilisé hors des locaux de l'organisme en tenant compte des différents risques associés au travail hors site.
A.9.2.6	Mise au rebut ou recyclage sécurisé(e) du matériel	*Mesure* Tout le matériel contenant des supports de stockage doit être vérifié pour s'assurer que toute donnée sensible a bien été supprimée et que tout logiciel sous licence a bien été désinstallé ou écrasé de façon sécurisée, avant sa mise au rebut.
A.9.2.7	Sortie d'un actif	*Mesure* Un matériel, des informations ou des logiciels ne doivent pas être sortis des locaux de l'organisme sans autorisation préalable.

A.10 Gestion de l'exploitation et des télécommunications

A.10.1 Procédures et responsabilités liées à l'exploitation
Objectif: Assurer l'exploitation correcte et sécurisée des moyens de traitement de l'information.

A.10.1.1	Procédures d'exploitation documentées	*Mesure* Les procédures d'exploitation doivent être documentées, tenues à jour et disponibles pour tous les utilisateurs concernés.
A.10.1.2	Management des modifications	*Mesure* Les changements apportés aux systèmes et moyens de traitement de l'information doivent être contrôlés.
A.10.1.3	Séparation des tâches	*Mesure* Les tâches et les domaines de responsabilité doivent être séparés pour réduire les occasions de modification ou de mauvais usage non autorisé(e) ou involontaire des actifs de l'organisme.
A.10.1.4	Séparation des équipements de développement, d'essai et d'exploitation	*Mesure* Les équipements de développement, d'essai et d'exploitation doivent être séparés pour réduire les risques d'accès ou de changements non autorisés dans le système d'information en exploitation.

A.10.5 Sauvegarde
Objectif: Maintenir l'intégrité et la disponibilité des informations et des moyens de traitement de l'information.

A.10.5.1	Sauvegarde des informations	*Mesure* Des copies de sauvegarde des informations et logiciels doivent être réalisées et soumises régulièrement à essai conformément à la politique de sauvegarde convenue.

A.13 Gestion des incidents liés à la sécurité de l'information

A.13.1 Remontée des événements et des failles liés à la sécurité de l'information
Objectif: Garantir que le mode de notification des événements et failles liés à la sécurité de l'information permet la
mise en œuvre d'une action corrective, dans les meilleurs délais.

A.13.1.1	Remontée des événements liés à la sécurité de l'information	*Mesure* Les événements liés à la sécurité de l'information doivent être signalés, dans les meilleurs délais, par les voies hiérarchiques appropriées.
A.13.1.2	Remontée des failles de sécurité	*Mesure* Il doit être demandé à tous les salariés, contractants et utilisateurs tiers des systèmes et services d'information de noter et de signaler toute faille de sécurité observée ou soupçonnée dans les systèmes ou services.

yes

Oui, je veux morebooks!

i want morebooks!

Buy your books fast and straightforward online - at one of the world's fastest growing online book stores! Environmentally sound due to Print-on-Demand technologies.

Buy your books online at

www.get-morebooks.com

Achetez vos livres en ligne, vite et bien, sur l'une des librairies en ligne les plus performantes au monde!
En protégeant nos ressources et notre environnement grâce à l'impression à la demande.

La librairie en ligne pour acheter plus vite

www.morebooks.fr

OmniScriptum Marketing DEU GmbH
Heinrich-Böcking-Str. 6-8
D - 66121 Saarbrücken
Telefax: +49 681 93 81 567-9

info@omniscriptum.de
www.omniscriptum.de

www.ingramcontent.com/pod-product-compliance
Lightning Source LLC
LaVergne TN
LVHW042347060326
832902LV00006B/436